Disney
Die Eiskönigin II

Minutengeschichten
für Erstleser

Ravensburger

Bibliografische Information der Deutschen Nationalbibliothek:

Die Deutsche Nationalbibliothek verzeichnet diese Publikation
in der Deutschen Nationalbibliografie.
Detaillierte bibliografische Daten sind im Internet
über http://dnb.d-nb.de abrufbar.

3 5 4

Originalausgabe
© 2021, Ravensburger Verlag GmbH
© 2021 Disney
Text: Annette Neubauer

Alle Rechte dieser Ausgabe vorbehalten durch
Ravensburger Verlag GmbH
Postfach 2460, 88194 Ravensburg

Printed in Germany
ISBN 978-3-473-49621-1
www.ravensburger.de

Inhalt

Der geheimnisvolle Fluss

Königin Iduna bringt ihre beiden Töchter ins Bett.
Dabei singt sie ihnen ein Nachtlied vor.

Das Lied handelt von einem geheimnisvollen weißen Fluss.
Dieser Fluss kennt die Antworten auf alle Fragen.
Er weiß, was in der Vergangenheit passiert ist.

Anna ist eingeschlafen. Auch Elsa ist müde und
schließt die Augen. Als sie gerade einschläft …

…rüttelt Anna sie wach. „Komm, steh auf!
Lass uns den weißen Fluss finden!"

„Ach, lass mich doch in Ruhe, Anna!", murmelt
Elsa. „Ich will schlafen!"
„Aber ich habe so viele Fragen!", antwortet Anna.
„Und der weiße Fluss kennt die Antworten."

Anna krabbelt auf Elsas Kissen. Sie beugt sich zu
Elsa und flüstert: „Willst du wirklich nicht wissen,
woher deine magischen Kräfte kommen?"
Bei den letzten Worten wird Elsa hellwach.
„Lass uns gehen!", sagt sie.
Sie springt aus dem Bett und legt ihr Tuch
über die Schultern.

Bald darauf schleichen sich die Schwestern
aus dem Schloss.
Es dauert nicht lange und die beiden erreichen
den Wald.
„Wie sollen wir den weißen Fluss nur finden?",
fragt Anna ratlos.

„Wir müssen unsere Augen offen halten",
antwortet Elsa und schaut angestrengt
in die Dunkelheit.
„Schau!", ruft Anna nach einer Weile. „Ich glaube,
dort hinten ist er!"
Zwischen den Bäumen blitzt es auf. Sofort laufen
die Schwestern zu der hellen Stelle.

Die beiden nähern sich einem weißen Strahl.
Doch es ist nur ein Bach.
„Und was machen wir jetzt?", fragt Anna.
„Ein Bach kann zu einem Fluss führen",
erklärt Elsa.

Die Mädchen folgen dem Bach.
Aber er führt die beiden nicht zu einem Fluss,
sondern zu einem Teich.

„Vielleicht finden wir den weißen Fluss, wenn wir unsere Ohren offen halten", überlegt Elsa. Sofort lauscht Anna in die Dunkelheit.

Tatsächlich, sie hört etwas! Als ob in der Nähe Wasser rauschen würde.
Die beiden laufen wieder los. Sie wollen so schnell wie möglich zum weißen Fluss.

Doch die Schwestern finden nur einen großen
Felsen, um den der Wind fegt.
„Wenn wir den weißen Fluss nur riechen
könnten!", seufzt Anna.
„Wie kann denn ein Fluss riechen?", fragt Elsa.

„Nach Antworten!", meint Anna. „Und nach
Rentieren?", sagt Anna. „Riechen wir wirklich
die Rentiere?"
„Wir finden keine Antworten auf unsere Fragen!
Wir finden stinkende Rentiere. Das ist wirklich
lächerlich", sagt Elsa und verschränkt genervt
die Arme.

Die Schwestern haben den weißen Fluss mit ihren Augen, ihren Ohren und ihren Nasen gesucht. Aber sie haben ihn nicht gefunden.

Trotzdem geben sie nicht auf und gehen
weiter durch den Wald.

Elsa will Anna aufheitern und zaubert mit ihren magischen Kräften eine Landschaft aus Schnee. Es schneit und weißer Puder legt sich auf die Bäume und den Boden.
An den Ästen hängen plötzlich Eiszapfen.

Elsa bricht einen Zapfen ab und gibt ihn
ihrer Schwester. Anna nimmt ihn und schaut
durch ihn hindurch wie durch ein Fernglas.
„Ich kann nichts sehen!", sagt Anna.
„Du musst ihn umdrehen", erklärt Elsa
und lächelt.

Die Stunden vergehen. Anna und Elsa
gehen weiter und weiter.
Schließlich werden die beiden müde.

Die Wölfe hingegen sind hellwach.
Sie beobachten die Geschwister
mit ihren gelben Augen.

Doch die Schwestern wollen ihre Suche nach
dem weißen Fluss nicht aufgeben.
Plötzlich leuchtet etwas in der Dunkelheit.
Die Mädchen laufen hin, aber wieder
werden die beiden enttäuscht.

Auf dem Waldboden liegt ein alter Schild,
der im Mondlicht glänzt.
„Wir kommen einfach nicht weiter", sagt Anna
erschöpft und lässt sich fallen. Die Schwestern
wissen nicht mehr, wo sie noch suchen sollen.

Plötzlich greift der Wind nach Anna und hebt sie
hoch. Die Schwestern staunen über seine Kraft.
Ganz leicht schwebt Anna in der Luft.
Von hier oben entdeckt sie etwas. Sie kann
den Blick nicht davon abwenden.

Dort in der Ferne sind Berge. Und zwischen
den Bergen glitzert etwas.
Es sieht aus wie ein silberner Streifen!
Anna hat den weißen Fluss gefunden!

Sacht setzt der Wind Anna wieder auf dem
Boden ab. Die Schwestern laufen hinaus
aus dem Wald, hin zu den Bergen.
Aber als Anna und Elsa näher kommen, werden
sie wieder enttäuscht. Vor ihnen ist nur ein
Eisberg, der in der Morgendämmerung leuchtet.

„Die Nacht ist vorbei. Die Sonne geht schon auf",
sagt Elsa.
„Wir haben den weißen Fluss immer noch nicht
gefunden", sagt Anna traurig. „Was sollen wir
jetzt tun?"

„Schlafen", schlägt Elsa vor.
Kaum hat Elsa die Worte ausgesprochen, liegen
die Schwestern wieder gemütlich in ihren Betten.

Am Morgen weckt Anna ihre Schwester.
„Aufwachen! Lass uns den weißen Fluss finden!",
ruft sie.

„Den weißen Fluss gibt es nur in unserem Nachtlied", antwortet Elsa.
Doch dann wundert sich Elsa. Hat sie wirklich alles nur geträumt?

Olafs Leseabenteuer

Anna und Olaf schlendern durch Arendelle.
Die beiden wollen zur Stadtbücherei,
um Bücher abzugeben.
Anna genießt die Ausflüge mit Olaf sehr.
Denn der kleine Kerl erzählt ihr auf dem Weg
immer, was er gelesen hat.

„Übrigens können Eichhörnchen nicht rülpsen.
Wusstest du das, Anna?", fragt Olaf gerade.
„Nein, das wusste ich nicht!", antwortet Anna
und lächelt.
Als sie die Bücherei erreichen, steht Oddvar
vor der Eingangstür. Er leitet die Bücherei.

Oddvar will die Bücherei für ein paar Tage schließen. Wie jedes Jahr reist er zu einem Familientreffen.
Anna ist sehr enttäuscht. Sie kann sich nichts Traurigeres als eine geschlossene Bücherei vorstellen.

„Vielleicht kann jemand auf die Bücher
aufpassen, bis du wiederkommst",
schlägt Anna Oddvar vor.
Oddvar reibt sich das Kinn und überlegt.
Er weiß nicht, was er von Annas Vorschlag
halten soll.
„Ich habe auch schon eine Idee", sagt Anna.
Sie erzählt Oddvar von einer sehr
vertrauenswürdigen Person, die viel liest.
Außerdem erzählt diese Person
sehr gern Geschichten.
Und sie liebt Umarmungen.

41

„Das sind sehr gute Voraussetzungen",
bestätigt Oddvar.
„Wer ist es denn?", fragt Olaf aufgeregt.
„Du!", ruft Anna und strahlt Olaf an.
„Ich?" Olaf dreht sich zu Oddvar. „Oh ja!
Ich würde so gern aushelfen!"

„Er hat seine Nase immer in einem Buch!",
erklärt Anna.
„Manchmal brauche ich sie als Lesezeichen",
erklärt Olaf. „Siehst du? So!"
Er nimmt seine Nase und steckt sie
zwischen zwei aufgeschlagene Seiten.

Trotzdem ist Oddvar nicht sofort einverstanden.
Denn eine Bücherei am Laufen zu halten,
ist nicht so einfach, wie es aussieht.
Dazu gehört viel Verantwortung.
Aber schließlich überzeugt ihn der kleine
Schneemann und Oddvar gibt nach.

Mit seinen Koffern steigt Oddvar in den Wagen.
Er winkt den beiden kurz zu. Dann nimmt er die
Zügel in die Hände und fährt aus der Stadt.

Olafs größter Traum ist in Erfüllung gegangen.
Er hat die tollste Büchersammlung in Arendelle.
Er kann alles lesen, was ihm gefällt. Und das
immer, wann er will! Es gibt nur ein Problem:
Er weiß nicht, wo er anfangen soll.

Er kann in der Sonne
liegen und dabei über
Schnee lesen.

Er kann auf einem Bücherstapel
sitzen und ein Buch über
Pfannkuchen lesen.

Er kann auf einen wackligen
Bücherstapel klettern
und das Buch über
Türme vom obersten
Regalbrett ziehen.

Olaf ist völlig in die Geschichten vertieft.
Deshalb bemerkt er die Kinder nicht, die durch
die Fenster sehen und ihn beobachten.

Alle wollen in die Bücherei gehen
und mit ihm spielen!

„Was machst du da, Olaf?", fragt ein Kind.
„Ich lese", erklärt Olaf. „Das ist meine
Lieblingsbeschäftigung. Wisst ihr, dass
Kraken drei Herzen haben?"
Die Kinder werden neugierig und Olaf
gibt jedem ein Buch. Bald lesen alle
und erfahren viele spannende Sachen.

„Wisst ihr, dass einige Schlangen über
vierzehntausend Zähne auf der Zunge haben?",
fragt ein Kind.
„Wirklich?", fragt ein anderes Kind.
„Und wisst ihr, dass Schmetterlinge
mit den Fühlern schmecken?"

Jeden Tag kommen mehr Kinder in die Bücherei.
Olaf umarmt alle und gibt ihnen gute Bücher
zu lesen.

Anna hat die Bücherei
noch nie so voll gesehen!

Irgendwie sieht sie auch ganz anders aus.
„Gefällt es dir?", fragt Olaf.
Der kleine Schneemann hat einiges verändert.
Er hat Bücher nach der Farbe des Einbands
sortiert. Er hat gleich große Bücher zu Türmen
gestapelt. Sie reichen bis zur Decke.
Außerdem gibt es einen Bücherregenbogen,
durch den man laufen kann.

„Das ist eine ganz besondere Bücherei geworden", sagt Anna und schmunzelt.

In diesem Moment öffnet sich die Tür
und Oddvar tritt ein.
„Olaf, was hast du denn gemacht?",
ruft er und schaut sich um.

58

„Er sieht so aus, als ob er umarmt werden
möchte", flüstert Olaf Anna zu.
„Ich weiß nicht, ob die Idee so gut ist",
wispert Anna zurück.

„Das hast du wunderbar gemacht!", ruft Oddvar.
Er läuft zu Olaf und nimmt ihn in seine Arme.

Das erste Mal ist die Bücherei voller Kinder!
Alle wollen ein Buch ausleihen.
Die Besucher lieben Olafs Bauwerke
aus Büchern.

Aber damit die Bücher gefunden werden, müssen
sie geordnet am richtigen Platz stehen.
Die Besucher verstehen das. Alle helfen mit,
die Bücher zu sortieren.

Olafs Erfolg ist riesig. Deswegen ernennt ihn Anna zum Lesebotschafter. Jetzt kann er seine Liebe zu Büchern noch besser mit allen teilen. Außerdem hilft er den Menschen so, die Magie der Bücherei jederzeit zu entdecken.

„Als Erstes werde ich ein Lesefest veranstalten!",
sagt Olaf. „Ich liebe Feste!"
Das Fest soll ein großes Erlebnis werden. Anna,
Elsa, Kristoff und sogar Sven helfen bei den
Vorbereitungen mit. Bald feiert die ganze Stadt!

64

Olafs Idee wird ein riesiger Erfolg. Der kleine Kerl
freut sich wie ein Schneekönig. Alle wollen
das Lesefest wiederholen und sind sich einig:
Das nächste Mal soll es noch schöner werden!

Ein besonderes Geschenk für Anna

Kristoff packt seine Sachen. Er will einen Ausflug in die Berge machen. Denn er sucht ein ganz besonderes Geschenk für Anna.

Wie immer wartet sein treuer Freund Sven
auf ihn. Er zieht den Wagen.

„Hast du auch die Laternen eingepackt?",
fragt Sven. Dabei hört er sich irgendwie
genauso an wie Kristoff.
„Klar, Kumpel!", antwortet Kristoff.
„Und was ist mit den Karotten?",
fragt Sven weiter.
„Die liegen doch vor deiner Nase",
antwortet Kristoff und gibt ihm eine.
„Nimm deine Spitzhacke mit",
hört Kristoff plötzlich eine andere Stimme.

Olaf ist zu ihm gehüpft und steht hinter ihm.
„Als du das letzte Mal in den Bergen warst,
hast du sie vergessen, weißt du noch?"
„Danke, Olaf!", antwortet Kristoff, ohne
nachzudenken. Doch dann dreht er sich
überrascht um. „Olaf? Was machst du
denn hier?"

„Ihr macht einen Ausflug?", fragt der
neugierige Schneemann zurück.
Kristoff kratzt sich am Kopf. Niemand soll
von seinem Ausflug erfahren. Aber er will
seinen Freund auch nicht anlügen.

„Wir fahren in die Berge", antwortet Kristoff.
Den Grund für seinen Ausflug verrät er nicht.
„Oh, ich wünsche euch viel Spaß!", sagt Olaf.
„Willst du nicht mitkommen?", fragt Kristoff
erstaunt und erleichtert zugleich.
„Vielleicht das nächste Mal", meint Olaf.
„Anna hat mir ein neues Buch versprochen.
Sie sagt, darin stehen lauter lustige Sachen."

Der kleine Schneemann hüpft fröhlich weiter.
Kristoff und Sven atmen auf. Das ist noch mal gut
gegangen! Der kleine Kerl will nicht mitfahren.
Das Geschenk für Anna soll nämlich ein
Geheimnis bleiben.

Sven und Kristoff fahren hoch hinauf in die Berge.
Dort finden sie den Eingang zu einem längst
vergessenen Bergwerk.

Kristoff spannt Sven vom Wagen. Dann gehen
die beiden gemeinsam ins Bergwerk.

Als sie tief im Inneren angekommen sind,
erreichen sie eine Höhle. Kristoff steigt ab.
Hier ist es sehr dunkel. Zum Glück haben
die beiden an die Laternen gedacht.
Kristoff hängt sie an Svens Geweih.
Jetzt leuchtet er wie ein Weihnachtsbaum.
Kristoff findet schnell eine gute Stelle und
beginnt zu graben. Im Schein der Laternen
arbeitet er bis zum Morgengrauen.

Schließlich finden die beiden das,
wonach sie gesucht haben.
„Endlich!", ruft Kristoff und zeigt
Sven einen eckigen Kristall.
„Das ist doch nur ein Stein",
meint Sven zweifelnd.
„Keine Angst! Wir sind noch
nicht fertig!",
antwortet Kristoff.

Als Nächstes fahren die beiden in das Tal der lebenden Steine. Von allen Seiten rollen Bergtrolle herbei.

Hurra! Kristoff und Sven sind wieder da!
Die kleinen Trolle freuen sich riesig und
empfangen ihre Freunde wie Könige.

„Hast du einen Stein gefunden?",
fragt Cliff gespannt.
Kristoff zieht den Stein aus seiner Tasche
und zeigt ihn den Trollen.
„Oh, der Stein ist gut! Sehr, sehr gut sogar!",
strahlt Bulda.

Sven ist noch nicht sicher, ob der Stein wirklich das richtige Geschenk für Anna ist.
Doch die Trolle machen sich mit ihren winzigen Werkzeugen fröhlich an die Arbeit.

Auch Kristoff hämmert und schnitzt mit den
Trollen um die Wette. Schließlich wird aus dem
Stein ein funkelnder Ring. Kristoff und Sven
staunen. So einen wunderbaren Verlobungsring
haben die beiden noch nie gesehen.
„Wie willst du Anna fragen, ob sie deine Frau
werden will?", fragt Bulda.
Darüber hat Kristoff schon oft nachgedacht. Aber
er hat noch nicht die passende Antwort gefunden.
Rat suchend nimmt er den Ring und dreht sich
zu Sven. Sven sieht Kristoff an und klimpert mit
den Wimpern.

„Wenn der richtige Zeitpunkt gekommen ist,
blicke ich Anna tief in die Augen und sage ihr …,
äh, wenn es so weit ist, weiß ich schon, was ich
ihr sagen werde", erklärt Kristoff stotternd.
Bulda runzelt die Stirn und stöhnt.
Dann sagt sie zu Cliff:
„Er benimmt sich genauso wie du."

Bulda zieht Kristoff zur Seite und erklärt ihm, wie er Anna den Heiratsantrag machen soll.

„Wie soll mir das denn alles wieder einfallen,
wenn ich vor Anna stehe?", fragt Kristoff.
„Es wird dir wieder einfallen, ganz bestimmt",
antwortet Bulda.

Zurück in Arendelle macht Kristoff eine Liste.

Er möchte beim Antrag schließlich alles richtig machen.

Zuerst muss Kristoff Elsa fragen.

Denn als ältere Schwester und Königin von Arendelle muss sie einer Heirat zustimmen.

Elsa freut sich und sagt sofort Ja.

Das wäre geschafft!

Doch Anna den Antrag zu machen,
ist wirklich schwierig. Ob es nach dem
gemeinsamen Spieleabend eine gute
Gelegenheit gibt?

Aber nein, vor lauter Aufregung
fällt Kristoff der Ring aus der Hand.
Er landet unter einem Schrank.
So klappt das alles nicht!

Kristoff zweifelt schon: Ob der richtige Moment
für einen Antrag denn nie kommen wird?
Er sucht Rat bei Sven. Das Rentier versucht,
Kristoff aufzuheitern. Aber eine gute Idee hat er
leider auch nicht.

Doch dann ist der passende Augenblick da.
Kristoff kniet sich vor Anna und zieht den
Ring aus seiner Tasche. „Anna, du bist der
ungewöhnlichste Mensch, den ich kenne.
Ich liebe dich aus ganzem Herzen.
Willst du mich heiraten?", fragt er.

Annas Augen füllen sich mit Freudentränen.
„Ja, das will ich!", ruft sie laut.

Kristoff hebt Anna hoch. „Ich möchte nichts
lieber, als den Rest meines Lebens mit dir
zu verbringen!", sagt er und lacht Anna an.
Anna strahlt zurück. Beide sind überglücklich.

Der königliche Besuch

Elsa lebt seit einer Weile bei den Naturgeistern im magischen Wald. Seitdem ist Anna die neue Königin von Arendelle.

Jeden Morgen liest sie ihre Post. Über eine Nachricht freut sie sich heute besonders: „Wie schön! Königin Colisa von Chatho kündigt ihren Besuch an. Sie will uns sehen!", sagt sie zu ihrem Freund Olaf, dem kleinen Schneemann.

„Als wir in Chatho waren, hatten Elsa und ich so viel Spaß. Wir haben dort sogar neue Freunde gefunden. Es gibt dort so viele besondere Tiere", erklärt Anna dem drolligen Kerl. „Faultiere hatte ich davor noch nie gesehen!"

„Ich möchte Königin Colisa gern herzlich empfangen und ihr etwas schenken. Womit kann ich ihr nur eine Freude machen? Hast du vielleicht eine Idee, Olaf?", fragt Anna den Schneemann.

Kristoff und Olaf wollen Anna helfen. Gemeinsam suchen sie ein besonderes Geschenk für die Königin.

„Wofür sind die Bewohner von Chatho denn bekannt?", fragt Olaf.

„Für ihre Kunst", antwortet Anna. „Wenn Elsa hier wäre, würde sie ein Winterwunderland zaubern. Dann könnten unsere Gäste Schlittschuh laufen und Schlitten fahren, sogar an so einem heißen Sommertag wie heute. Damit würden wir unseren Gästen zeigen, welche Kunst wir in Arendelle lieben."

„Du wirst bestimmt etwas genauso Schönes erschaffen wie Elsa", ermuntert Kristoff sie.

„Ich kann eine Eisskulptur schnitzen",
schlägt Anna vor.

„Ich liebe Eisskulpturen!", ruft Olaf.

„In Chatho habe ich eine Eisskulptur gemacht,
die so aussah wie du, Olaf", erklärt Anna
dem Schneemann. „So eine Skulptur kann ich
noch einmal schnitzen."

„Willst du nicht etwas Neues ausprobieren?",
fragt Kristoff.

„Lass mich nachdenken", sagt Anna. „Wofür ist
Arendelle bekannt?"

„Für Anna, Elsa, Kristoff, Sven, …", beginnt Olaf
mit seinen Fingern aufzuzählen.

„Du bist immer sehr hilfreich", antwortet Anna
und lächelt ihren Freund liebevoll an.

Am Nachmittag ist Anna auf dem Schlosshof und
arbeitet hart an ihrer Eisskulptur.
„Nur noch ein kleiner Schnitzer, Sven", sagt sie.
„Dann bin ich fertig."
Anna schlägt noch ein letztes Stück Eis weg.
„Geschafft! Vielen Dank für deine Hilfe!"

„Es tut mir leid, Anna, aber deine Figur sieht
überhaupt nicht so aus wie Sven", sagt Olaf.
„Oh, nein! Es ist zu warm. Das Eis
schmilzt schon!", ruft Anna verzweifelt.
„Ich habe eine Idee", sagt Olaf.
„Warum schnitzt du nicht mit Holz
anstatt mit Eis? Holz schmilzt nicht."
Anna umarmt den Schneemann.
„Du bist wirklich eine große Hilfe!"

Kurz darauf bearbeitet Anna einen Holzblock.
„Die Größenverhältnisse sind sehr wichtig",
sagt Anna. Dabei schaut sie immer von Sven
zu der Statue. „Vielleicht muss ich die Nase
noch ein bisschen verändern."

„Oh, nein!", ruft Anna.

„Was ist passiert?", fragt Kristoff.

Er fächelt dem überhitzten Sven Luft zu.

Sven ist mit Annas Ergebnis gar nicht zufrieden
und grunzt laut auf.
„Bis auf die Nase sieht die Statue genauso
aus wie du, mein Freund", meint Kristoff.
Olaf nimmt eine Karotte und steckt sie der Statue
ins Gesicht. „Und jetzt sieht sie aus wie ich!"
Da lachen alle laut los.

„Was soll ich nur tun? Ich kann Colisa diese Statue unmöglich schenken", sagt Anna ratlos.

„Nimm doch einfach Ton! Bevor der Ton trocken ist, hast du die Statue mitsamt Nase fertig!"

„Das ist eine super Idee, Kristoff! Ich werde es direkt versuchen", sagt Anna. Dann dreht sie sich zu Sven und umarmt ihn liebevoll. „Es wird nicht lange dauern, Sven. Das verspreche ich dir!"

„Kein Problem! Du kannst auf mich zählen", antwortet Kristoff anstelle von Sven mit verstellter Stimme.

Doch eine Statue aus Ton zu formen, klappt auch nicht besser. Aber Anna gibt nicht auf.

Sie möchte Königin Colisa unbedingt mit einem besonderen Geschenk empfangen.

„Ich muss mir etwas einfallen lassen", sagt sie.

„Warum fragst du nicht Elsa, was sie tun würde?", schlägt Olaf vor.

„Du hast recht, Olaf", sagt Anna. „Wir haben uns immer gegenseitig um Rat gefragt."

Anna läuft ins Schloss, um Elsa einen Brief zu schreiben. Dann geht sie zurück zum Hof.
Sie ruft den Windgeist.
Wenige Minuten später wirbeln bunte Blätter um Anna. Der Windgeist ist da! „Bringst du bitte diesen Brief zu meiner Schwester?", fragt Anna und lässt den Brief los. Der Windgeist trägt ihn sacht mit sich davon.

Anna denkt den ganzen Tag über das Geschenk für Königin Colisa nach. Als sie am Fenster die Nordlichter betrachtet, kommt der Windgeist mit einer Botschaft von Elsa zurück. Anna öffnet den Zettel aufgeregt.

„Warum liebst du Arendelle? Und warum lieben dich die Menschen? Wenn du diese Fragen mit deinem Herzen beantwortest, findest du ein Geschenk für die Königin", liest sie.

Da hat Anna plötzlich eine Idee. „Jetzt weiß ich,
was ich machen muss!"

Am nächsten Morgen steht Anna früh auf.
Heute wird sie Königin Colisa und ihre Begleiter
empfangen!
„Willkommen in Arendelle!", ruft sie ihnen zu.

„Bevor wir zum Schloss gehen, möchte ich euch
etwas ganz Besonderes schenken!"
„Das ist sehr freundlich von dir!", antwortet
Königin Colisa.

„Hier ist Hans, unser Bäcker", sagt Anna.
„Und diese köstlichen Waffelhörnchen
nennen wir Krumkake."

„Es ist mir eine Ehre", sagt Königin Colisa.
„Die Ehre ist ganz meinerseits", anwortet Hans
und verbeugt sich.

„Und das ist Anette", sagt Anna.
„Sie kümmert sich schon viele Jahre
um die Blumen in Arendelle."

„Die Blumen duften fantastisch!",
sagt Königin Colisa.
„In dem Strauß sind Krokusse.
Arendelle ist bekannt für die
schönsten Krokusse weit und breit!",
erklärt Anna stolz.

„Das ist unser Maler, Henrik", fährt Anna fort.
„Er malt Bilder von unserem Schloss."

„Ich wollte dir so gern zeigen, für was Arendelle wirklich beliebt ist. Mir wurde klar, dass es die Menschen sind und das, was sie jeden Tag machen", erklärt Anna.

Königin Colisa lächelt. „Da hast du vollkommen recht. Euer Land ist für sein kühles Klima bekannt. Und doch hast du mich sehr warm empfangen. Wunderbar! Ich danke dir von ganzem Herzen."

Noch mehr magischer Lesespaß!

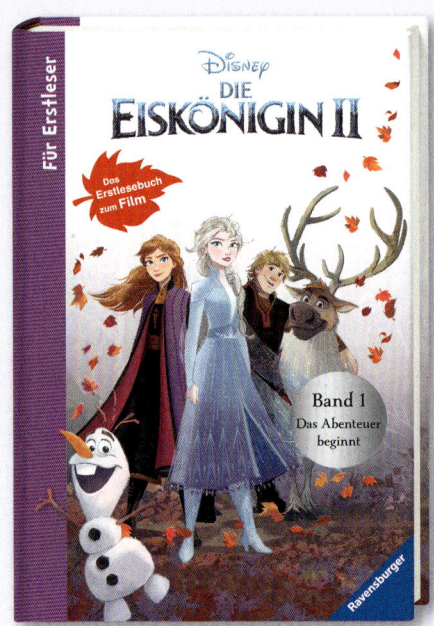

978-3-473-49146-9

978-3-473-49184-1

www.ravensburger.de